BOEKANALYSE

Zacht lied
• • • • • • • • • • • • • • • •

Leïla Slimani

BOEKANALYSE

Geschreven door Florence Dabadie
Vertaald door Nikki Claes

Zacht lied

· ·

Leïla Slimani

LEÏLA SLIMANI

FRANS-MAROKKAANSE JOURNALIST EN ROMANSCHRIJVER

- **Geboren in 1981 in Rabat (Marokko)**
- **Enkele van zijn werken**:
  - *In de tuin van de oger* (2014), roman
  - *Sex and Lies* (2017), essay

Leïla Slimani komt uit een Franstalige Marokkaanse familie en behoort tot een welgesteld milieu. Haar vader is een hoge Marokkaanse ambtenaar die in Frankrijk heeft gestudeerd. Haar moeder, een Frans-Marokkaanse vrouw, is arts. Met haar bachelor behaald aan het Franse Lycée in Rabat, ging ze naar Parijs en het Lycée Fénelon om een literaire voorbereidingsklas te beginnen. Na haar afstuderen aan het Instituut voor Politieke Studies in Parijs en haar poging tot acteren, volgde ze een opleiding tot journaliste bij *L'Express*, voordat ze in 2008 werd aangenomen bij de krant *Jeune Afrique*. In 2012 besloot ze zich toe te leggen op het literaire schrijven. In 2014 publiceerde ze haar eerste roman, *Dans le jardin de l'ogre (In de tuin van de oger), die* lovende kritieken kreeg. Haar tweede roman, *Chanson douce,* won in 2016 de Goncourtprijs. Een jaar later publiceerde Leïla SLimani een essay, *Sexe et mensonge,* gewijd aan "seksuele ellende in de Maghreb". Ze zegt beïnvloed te zijn door Tsjechov, die "van zijn personages houdt" en "ze nooit veroordeelt", evenals door Stefan Zweig en Milan Kundera.

ZACHT LIED

EEN ROMAN GEBASEERD OP EEN NIEUWSVERHAAL

- **Genre**: roman

- **Referentie-uitgave**: SLIMANI L., *Chanson douce*, Parijs, Éditions Gallimard, 2016, 227 p.

- **1ste druk**: 2016

- **Thema's**: misdaad, familie, onderwijs, afhankelijkheid, hedendaagse samenleving, professioneel succes, geld, sociale klassen

Mila en Adam, de kinderen van Myriam en Paul Massé, worden op brute wijze vermoord aangetroffen. De verantwoordelijke voor deze gruwelijke misdaad is Louise, hun kindermeisje, dat door het Parijse echtpaar werd ingehuurd toen Myriam besloot weer als advocaat te gaan werken. De verteller gaat terug in de tijd, volgens het principe van analepsis, om te proberen de redenen voor deze tragedie te begrijpen. Aanvankelijk wijst alles erop dat Louise de ideale nanny is, die Myriam en Paul thuis perfect bijstaat. Maar na verloop van tijd wordt Louises aanwezigheid onnatuurlijk opdringerig, alsof ze een volwaardig lid van de familie wil worden. Haar afhankelijkheid groeit en wordt steeds ondraaglijker. Met een scherpe en indringende stijl, in de vorm van korte en rauwe uitspraken, en met een levendig ritme, gekenmerkt door korte hoofdstukken, behandelt Leïla

Slimani hedendaagse kwesties zoals het gezin, de opvoeding van kinderen, professioneel succes en klasse vooroordelen. Het reflecteert ook op de relaties van afhankelijkheid en macht tussen individuen. Voor deze roman liet de auteur zich inspireren door een nieuwsfeit dat zich op 25 oktober 2012 in de Verenigde Staten voordeed: een moeder van drie kinderen vindt twee van haar kinderen doodgestoken in haar flat aan de Upper West Side. De dader is hun kindermeisje: ze sneed haar eigen keel door, maar stierf niet.

SAMENVATTING

Toen Myriam Massé vroeg terugkwam van haar werk, vond ze haar twee kinderen neergestoken. Adam is ter plaatse dood, Mila bezwijkt onderweg naar het ziekenhuis aan haar verwondingen. De crimineel is hun oppas. Nog steeds ter plaatse, probeerde de laatste zelfmoord te plegen, maar dat mislukte. Ze ligt in coma.

Ongeveer anderhalf jaar eerder ging het echtpaar Massé op zoek naar een kindermeisje toen Myriam besloot een carrière als advocaat te beginnen. Zwanger geworden van Mila aan het eind van haar studie, wijdde ze zich aan haar dochter en later aan haar zoon, waardoor haar professionele carrière op een laag pitje kwam te staan. Vandaag kan ze het niet meer aan om thuis te blijven en vindt ze het steeds moeilijker om een huismoeder te zijn. Paul werkt veel alleen als producent. Ze hebben iemand nodig die ze kunnen vertrouwen om overdag op de kinderen te passen. Na een paar vruchteloze zoektochten werd Louise hen aanbevolen. Het paar koos haar zonder aarzeling, alsof het een vanzelfsprekendheid was.

Louise is perfect, een echte fee. Ze zorgt nauwgezet voor de kinderen, maar ook voor het huis: ze ruimt op, sorteert, maakt het eten klaar. Ze gaat zelfs zover dat ze de inrichting van de woonkamer verandert. Myriam en Paul zijn verleid en geamuseerd. Myriam vindt dit een goede zaak, omdat ze zich aan haar werk kan wijden zonder gehinderd te worden door huiselijke verplichtingen. Louise wordt onmisbaar, komt steeds vroeger en vertrekt steeds later. De kinderen vragen niet meer naar hun ouders. Myriam waardeert Louises onzichtbare en efficiënte aanwezigheid en geeft haar zelfs geschenken. Het is de nanny die kookt als Paul en Myriam vrienden ontvangen.

In een opwelling biedt Paul Louise een vakantie naar een Grieks eiland aan. Het kindermeisje wordt verleid door de zachtheid van de plek, door de lichte bries, de zon, de warmte. Ze waardeert de lichtheid van de avonden in het restaurant. Het enige probleem is dat ze niet kan zwemmen. Ze duwt Mila weg, tot ieders verbazing, als ze haar wil dwingen om te zwemmen. Dus Paul leert haar zwemmen. Ze houdt van het gevoel van het water op haar lichaam. Ze voelt zich goed. Wanneer de reis ten einde loopt, maakt de terugkeer naar haar flat in Créteil in het weekend haar radeloos en neerslachtig. Gelukkig laat de warmte van september nog steeds picknicks en uitstapjes naar het park toe.

Maar de winter breekt aan en brengt het eerste incident met zich mee: Louise heeft Mila overdreven opgemaakt, voor de lol. Paul is beledigd, berispt haar en stopt bijna alle contact met haar. Ontzet voelt Louise zich alleen en raakt in paniek. Dan is het de beurt aan Myriam om twee littekens op Adams schouder te ontdekken. Bij ondervraging beschuldigt Louise de zus van de peuter en zegt dat ze zelf gebeten is. In werkelijkheid, als Mila haar gebeten had, was dat omdat Louise de borst van het kleine meisje stevig tegen zich aan had gehouden, terwijl ze haar berispte omdat ze te ver was afgedwaald tijdens een wandeling in het park. Het vertrek van de familie naar de bergen voor een week vergroot Louises onrust. Ze voelt zich in de steek gelaten en blijft thuis. Aan Wafa, een kindermeisje dat ze op het plein heeft ontmoet, verklaart ze dat ze tijdens hun volgende familiereis naar Griekenland permanent op het eiland Sifnos wil blijven. Op een dag ontvangen Paul en Myriam een brief van de schatkist, waarin zij worden aangespoord het bedrag dat Louise al maanden aan de staat verschuldigd is, in te houden op haar salaris. Getroffen door de verwijten van het echtpaar, heeft het kindermeisje twee angstige nachten. Inderdaad, Louise voelt zich steeds slechter. Geconfronteerd met haar verdriet, geeft Myriam zichzelf de schuld. Er groeit echter een afstand tussen de twee vrouwen. Op een avond vindt Myriam een kippenkarkas midden op de keukentafel. Diep verontrust, zich niet bewust van de betekenis van deze scène, voelt ze vaag een gevaar in de persoon van Louise.

De lente geeft Louise een beetje optimisme. Zonder enthousiasme begint ze om te gaan met Hervé, die Wafa aan haar heeft voorgesteld. Dan begint ze te dromen van een baby die Myriam en Paul zouden kunnen verwekken. Vastbesloten om dit project tot een succes te maken, neemt ze de kinderen mee naar een restaurant om hun ouders alleen te laten. Een laatste incident doet haar optimisme echter teniet: haar huisbaas zegt haar op de flat te verlaten wegens onbetaalde huur. Vanaf dat moment zakt ze weg in een diepe melancholie. Ze heeft grote moeite om met de kinderen om te gaan en ergert zich aan hun geschreeuw en vragen. Ze laat de televisie de hele dag aanstaan. De laatste keer dat de familie Louise ziet voor de misdaad is in de auto op weg naar huis van een dagje uit met vrienden.

In het laatste hoofdstuk keert de verteller terug naar de aankomst van politiechef Nina Dorval op de plaats van het misdrijf, naar de getuigenissen van Wafa en de buurvrouw, naar

wat Paul meldt over het moordwapen. Twee maanden onder-
zoek zijn voorbij. Het is eind augustus. Nina gaat de plaats
delict reconstrueren. Zij zal de rol van Louise spelen.

KARAKTERSTUDIE

LOUISE

Louise is het kindermeisje dat Paul en Myriam Massé hebben ingehuurd. Met haar slanke figuur lijkt ze twintig jaar oud, hoewel ze eerder veertig is. Blond, haar gezicht bezaaid met kleine sproeten, ze straalt iets kinderlijks uit. Ze draagt altijd een lange rok, een blouse en lakballerina's. Haar knotje boven de hals geeft haar een strenge uitstraling. Haar nagels zijn gemanicuurd en haar ogen zijn opgemaakt. Louise "is niet onaangenaam om naar te kijken", volgens Paul.

Haar man is dood. Ze heeft een dochter, Stephanie, twintig jaar oud, die wegliep en nooit meer terugkwam. Louise woont in een éénkamerappartement, maar ze ruimt het zorgvuldig op. Zij heeft verschillende werkgevers gehad, waaronder M. Franck en de Rouviers, die tegenover de Massés vol lof over haar spreken.

Louise is toegewijd, een perfectionist en voert alle taken die haar worden opgedragen met de grootste nauwgezetheid uit, bijna maniakaal. Er is iets ouderwets aan haar manier van doen. Wanneer ze haar voor het eerst ontmoeten, twijfelen Paul en Myriam geen seconde: ze is de juiste persoon voor de job, dat is duidelijk. Bovendien toont Louise bij haar eerste ontmoeting met de kinderen een groot vertrouwen. De kinderen accepteren haar onmiddellijk. Ze zorgt perfect voor het huis. Ze is ook een goede kok.

Dit kindermeisje is erg moederlijk met Adam en weet Mila, die meer verlegen is, te temmen. Ze weet hoe ze plezier moet maken met kinderen en neemt alle entertainment serieus. Ze houdt vooral van verstoppertje spelen en vertelt graag "wrede verhalen waarin de goeden uiteindelijk sterven" (p39). In staat tot tederheid, kan ze ook onverklaarbare heftige reacties hebben, zoals de dag in het park waarop ze Mila te stevig tegen zich aanhoudt omdat ze zonder waarschuwing is afgedwaald. Het wordt al snel duidelijk dat ze een complexe relatie heeft met het kleine meisje. Sinds het incident in het park, heeft ieder een grief tegen de ander.

Het is bekend dat Louise in het verleden een episode van "waanzinnige melancholie" heeft gehad, waarvoor ze in het ziekenhuis werd opgenomen. Ze vervalt nog wel eens in een morbide toestand als haar relaties met de Massés verslechteren.

Louise houdt afstand van volwassenen, behalve van Myriam, met wie ze aanvankelijk een hechte band heeft. Er ontstaat echter geleidelijk een afstand tussen de twee vrouwen. Paul, geraakt door haar kwetsbaarheid, leert haar zwemmen in Griekenland en Louise waardeert zijn aanwezigheid. Maar hij spreekt niet meer met haar als hij ontdekt dat ze Mila buitensporig heeft opgemaakt. Louise raakt bevriend met Wafa, een andere moslimnanny die onlangs in Frankrijk is aangekomen en die ze op het plein heeft ontmoet. Ze heeft een korte relatie met Hervé, een man die ze niet mag.

MYRIAM

Myriam heeft haar carrière als advocaat in de wacht gezet om haar twee kinderen op te voeden. Tegen de tijd dat het verhaal begint, is ze gefrustreerd over haar leven als huismoeder, en besluit ze weer te gaan werken en een kindermeisje in te huren. Ze neemt het haar man kwalijk dat hij haar emancipatiewens niet serieus genoeg neemt. Een toevallige ontmoeting met Pascal, een oude schoolvriend, is de aanleiding. Hij biedt haar een baan aan als advocaat in zijn kantoor. Myriam is zeer consciëntieus en werkt onvermoeibaar van 's morgens vroeg tot 's avonds laat, soms zelfs 's nachts. Ze is bevriend met Emma, een vrouw die gelukkig is in haar rol als modelhuisvrouw. Zij voelt zich bemoederd door Louise en waardeert het dat zij op haar kan vertrouwen om voor de kinderen te zorgen en het huis te onderhouden. Beiden hebben de gewoonte om samen thee te drinken in de keuken. Myriam geniet inderdaad van Louises gezelschap en geeft haar regelmatig geschenken. Maar met elk opeenvolgend misverstand begint hun relatie te barsten.

Myriam heeft een stormachtige relatie met haar schoonmoeder. Ze is boos op haar sinds een gedenkwaardige discussie waarin Sylvie haar schoondochter verweet alleen aan haar persoonlijke ambitie te denken, niet beschikbaar te zijn voor haar kinderen en haar verantwoordelijk te stellen voor hun grillige karakter.

Het is Myriam die haar vermoorde kinderen ontdekt.

PAUL

Hij is Miriam's echtgenoot. Hij aanvaardt haar besluit om te gaan werken, ook al drijft hij de spot met haar ambities. Als muziekproducent besteedt hij veel tijd aan zijn werk en is hij blij dat zijn bedrijf groeit, nadat hij zijn professionele aspiraties tijdelijk opzij moest zetten toen hij vader werd en het vertrouwen in zijn capaciteiten verloor. Zijn moeder, Sylvie, die hem met een linkse ideologie heeft opgevoed en vindt dat hij zijn afkomst heeft verloochend en meer middenklasse is geworden, heeft een grote invloed op hem. Paul is tevreden met Louise's aanwezigheid. Op een dag biedt hij haar zelfs aan om bij hun vrienden te blijven eten, voordat hij aankondigt dat ze met hen op vakantie gaat. Hij leert haar zwemmen. Hun relatie verslechtert echter definitief wanneer hij op een avond zijn dochter Mila aantreft met de buitensporige make-up van het kindermeisje.

DE KINDEREN

Mila

Mila is een fel kind. Ze is temperamentvol en kan zich midden op straat op de grond gooien. Ze is geobsedeerd door haar imago en kijkt veel naar zichzelf in etalages. Ze is tenger en sierlijk.

Ze is 'slim' met Louise (p. 39). Ze is ongehoorzaam en manipulatief zodat het kindermeisje aan haar wensen zal toegeven. Maar ze heeft ook momenten van schuld wanneer ze liefdevoller is. Ze geniet van de wrede verhalen die haar kindermeisje haar vertelt. Beetje bij beetje laat ze zich door Louise temmen. Hun relatie is echter zeer conflictueus en gaat soms gepaard met fysieke machtsstrijd. Als Louise haar te stevig vasthoudt om haar te straffen omdat ze alleen in het park ronddwaalt, bijt Mila haar. Wanneer Mila haar dwingt om in Griekenland te gaan zwemmen ondanks haar herhaalde weigeringen, duwt Louise haar te krachtig weg. Op een avond neemt Louise de kinderen mee naar een restaurant en dwingt hen een lange omweg door Parijs te maken. Uitgeput wordt Mila heen en weer geslingerd tussen onbegrip en angst. Op de dag van de misdaad sterft ze in de ambulance die haar naar het ziekenhuis brengt.

Adam

Hij was nog een baby toen Louise op het toneel verscheen. Toch toont hij tederheid voor deze moederlijke vrouw. Bovendien lijkt hij de kant van Louise te kiezen als haar vader haar berispt omdat ze Mila heeft opgemaakt. Het is zijn stem die het verhaal afsluit als hij zijn moeder vraagt waar Louise heen gaat, die ze op de stoep ziet staan. Adam wordt geraakt door Louise en is op slag dood.

SECUNDAIRE PERSONAGES

Stéphanie

Ze is Louise's dochter. Ze is twintig jaar oud. Als kind volgde ze haar moeder naar haar verschillende werkgevers, nooit het gevoel dat ze erbij hoorde. Ze voelde zich vervelend. Als tiener stelde ze Louise op de proef: ze sloop regelmatig het huis uit, ging 's nachts uit en gaf haar schoolopleiding op.

Op een dag kwam ze niet meer terug, "alsof ze duidelijk voorbestemd was" (p. 90). Louise verneemt later dat ze in het zuiden is en verliefd is geworden.

Jacques

Hij is Louise's overleden echtgenoot. Zeer minachtend over zijn vrouw, boos en verkwistend, liet hij haar niets anders na dan schulden. Na zijn dood had ze slechts een maand om hun huis te verlaten, dat op het punt stond in beslag genomen te worden.

Wafa

Zij is het kindermeisje dat Louise op het plein ontmoet. Zeer spraakzaam, ze is niet ouder dan vijfentwintig jaar. Zonder papieren arriveerde ze in Frankrijk via een prostitutienetwerk. Ze zorgt nu voor een kleine jongen. Met haar rondingen, haar onverzorgde uiterlijk en de manier waarop ze zichzelf vasthoudt, vindt Louise haar een beetje ordinair. Ze bakt vette gebakjes en biedt ze regelmatig aan. Ze vertelt hem over haar leven, nodigt haar uit op haar bruiloft en is er kapot van als ze hoort van de misdaad van haar vriendin.

Sylvie

Ze is Paul's moeder. Zij keurt de levensstijl van haar zoon en schoondochter, hun professionele ambities en hun hiërarchische relatie met Louise af. Als linkse activiste heeft ze haar zoon waarden bijgebracht die ze hem verwijt te ontkennen. Ze is bijzonder venijnig tegen Myriam en gaat zelfs zover dat ze haar schuldig laat voelen omdat ze niet de hele dag voor haar kinderen zorgt.

Hervé

Hij is een man die Wafa voorstelde aan Louise op haar bruiloft. Hij heeft wat werk aan haar huis gedaan. Louise voelt niets dan afkeer voor Hervé: hij is banaal, klein, heeft een hoofd in zijn schouders en zijn handen zijn die van een arbeider. Zij stemt er niettemin mee in om met hem uit te gaan en geeft zonder enthousiasme toe aan zijn avances.

Rose Grinberg

Zij is de buurvrouw van de Massés. Ze is vijfenzestig jaar oud en voormalig muzieklerares. Ze verwijt zichzelf dat ze Louise's vreemde gedrag een uur voor de misdaad heeft opgemerkt zonder alarm te slaan, net zoals ze betreurt dat ze niet meer aandacht heeft besteed aan Louises confidenties over haar geldproblemen. Ze sliep tijdens de misdaad. Ze hoorde Myriams geschreeuw toen ze de luiken opende.

Hector Rouvier

Hij werd als kind door Louise verzorgd. Hij is achttien als hij de misdaad van zijn vroegere kindermeisje verneemt en door de politie wordt ondervraagd. Hij herinnert zich Louises handen op zijn kinderlijke lichaam, haar liefkozingen, haar geur en "de plotselinge wreedheid van haar liefde" (p. 166). Hij beseft dat hij altijd heeft geweten dat hij werd bedreigd.

Mr. Franck

Hij nam Louise in dienst toen ze vijfentwintig was. Hij was schilder en woonde bij haar moeder, voor wie Louise zorgde.

Hij eist dat ze een abortus ondergaat als hij hoort dat ze zwanger is. Louise verzette zich niet, maar werd niet wakker op de dag van de operatie. Daardoor keert ze nooit meer terug naar zijn huis.

SLEUTELS TOT HET LEZEN

KRONIEK VAN EEN VOORSPELD DRAMA

Het genre van de kroniek komt overeen met een verslag van gebeurtenissen in de volgorde waarin zij plaatsvonden. *Chanson douce* is in dit opzicht vergelijkbaar met een kroniek. Het is bijzonder omdat het gebeurtenissen chronologisch beschrijft waarvan de uitkomst vanaf het begin bekend is. Het verhaal is dus een analepse.

De komst van de misdaad

Inderdaad, de roman opent direct met de beschrijving van de plaats delict. De moord op de kinderen van de familie Massé door hun kindermeisje heeft al plaatsgevonden, en is bekend bij de lezer. Hieruit blijkt dat de verteller geen spanning wil creëren, dat ze geen verhaal lanceert dat tot een uiteindelijke onthulling zou leiden. Wat haar interesseert is eerder licht werpen op de oorzaken, teruggaan op de gebeurtenissen die tot zo'n tragedie kunnen hebben geleid. Daarom keert het laatste hoofdstuk terug naar de tijdelijkheid van de proloog door zich te concentreren op de ontdekking van de dubbele moord en de reconstructie van de plaats delict door kapitein Nina Dorval. Leïla Slimani kiest ervoor het verloop van de gebeurtenissen en de evolutie van Louises karakter te volgen. Het tweede hoofdstuk opent met Myriam's zoektocht naar een kindermeisje. Vervolgens vertelt de verteller, terwijl de bladzijden verstrijken, over haar gedrag als perfect kindermeisje, haar attenties voor de kinderen en de ouders, haar onderdompeling en vervolgens inmenging in de familie Massé, de reizen die ze met hen maakt, haar obsessieve verlangen naar nabijheid, de eerste spanningen, de opkomst van Louises delirische melancholie, de verplichting haar flat te verlaten.

Opeenvolgende verlichtingen

In deze kroniek verweeft de verteller enkele hoofdstukken met flashbacks naar Louises leven. Het eerste, getiteld "Stéphanie" (blz. 53), genoemd naar Louises dochter, gaat over hun relatie. Het tweede deel is gewijd aan het personage van Rose Grinberg, de buurvrouw van Massé, die geplaagd wordt door schuldgevoelens omdat zij niet heeft gereageerd, omdat zij geen alarm heeft geslagen toen zij enkele minuten voor de tragedie verrast werd door het gedrag van Louise in de lift. Ze had, zegt ze, "de loop der gebeurtenissen kunnen veranderen" (p. 82). We leren dat ze een maand voor de tragedie al in verlegenheid was gebracht door een dubbelzinnige discussie met Louise. Later in het verhaal is er een hoofdstuk gewijd aan Louise's echtgenoot Jacques. Daarin doet de auteur verslag van zijn capriolen, zijn minachting voor haar, zijn roekeloze uitgaven en de schulden die hij haar naliet. Tenslotte vernemen we dat Louise na de dood van Jacques in een delirante eenzaamheid verzonk. Het verhaal geeft ook aan dat Louise geen moeder wilde worden. Haar eerste werkgever, de heer Franck, hoorde dat ze zwanger was en dreigde haar te ontslaan als ze geen abortus zou laten plegen. Zonder haar te raadplegen maakte hij een afspraak met een gynaecoloog voor de operatie. Maar Louise werd niet op tijd wakker op de dag van haar medische afspraak. Dus had ze haar kind gehouden, dat ze niet wilde en dat in haar was ontsproten "als een paddestoel op vochtig hout" (blz. 111). Het hoofdstuk over Hector Rouvier, een kind dat Louise tien jaar eerder had verzorgd, is niet anekdotisch. Integendeel, het perspectief van Hector op Louise blijkt waardevol: de jongeman onthult dat "hij altijd had geweten dat hem een bedreiging boven het hoofd hing" (p. 170). Paradoxaal genoeg maakt deze flashback deel uit van de kroniek, omdat hij de opkomst van de dreiging suggereert, "een witte, zwavelachtige, onuitsprekelijke dreiging" (p. 170).

De laatste momenten

De groeiende waanzin van Louise wordt van dag tot dag beschreven. Er zijn de drie dagen van "perverse lethargie" waarin "haar ideeën in de war raken" (blz. 158). De tekst roept Myriams diepe twijfels op, haar groeiende zorgen naarmate het vreemde gedrag van het kindermeisje toeneemt. De nacht na het incident met het karkas van de kip dat door het kindermeisje op de keukentafel is achtergelaten, is ze in paniek. Ze denkt dat Louise "gevaarlijk" (p. 172) en gewelddadig kan zijn en dat ze een "honger naar wraak" (p. 172) tegen hen kan hebben. Dan vertraagt het tempo van het verhaal, breidt zich uit. De werkwoorden in de tegenwoordige tijd nemen toe, en de aantekeningen worden steeds gedetailleerder en omstandiger. De verteller blijft bijvoorbeeld hangen bij het verhaal van Louise's uitstapje naar het restaurant met de kinderen en vertelt over haar koortsachtigheid: "Louise kijkt naar het raam, naar haar horloge, naar de straat, naar de toonbank waarop de eigenaar leunt. Ze bijt op haar nagels, glimlacht, dan wordt haar blik vaag, afwezig" (p. 205). In de laatste hoofdstukken worden de handelingen verscherpt en weerspiegelen ze de onderdrukking die Louise voelt: "Louise draait zich niet om. Ze blijft naar het scherm staren, haar lichaam volkomen bewegingsloos. Het kindermeisje weigert naar het plein te gaan. Ze wil de andere meisjes niet ontmoeten of de oude buurvrouw tegen het lijf lopen, voor wie ze zichzelf heeft vernederd door haar diensten aan te bieden" (p. 212). Dit is niet verwonderlijk: het verhaal nadert de kroniek wanneer de dramatische afloop duidelijk wordt. De passages die vanuit Louise's innerlijk oogpunt zijn geschreven worden belangrijker, tot aan haar laatste gedachte: "Hier zal ik voor gestraft worden, hoort ze zichzelf denken". Ik zal gestraft worden omdat ik niet weet hoe ik moet liefhebben" (blz. 213). Er rest de auteur niets anders dan haar personage te laten verdwijnen: dat is de uitkomst van haar kroniek. Ze kiest ervoor dit symbolisch te doen, op straat, terwijl ze door de hele familie Massé in de gaten wordt gehouden. "Lunar", lijkt het alsof ze ergens op wacht, "aan de rand van een grens die ze gaat overschrijden en waarachter ze zal verdwijnen" (p. 218).

EEN GEDEMPTE DREIGING

Chanson douce kan gelezen worden als het verhaal van een naderende bedreiging. Eerst latent, nauwelijks waarneembaar door Myriam en Paul, is het duidelijk voor de gewaarschuwde lezer. Vanuit dit oogpunt volgt de roman een logische verhaallijn: de structuur van de roman benadrukt de geleidelijke intensivering van deze dreiging en de afdaling in de hel van het personage.

Een wederzijdse liefde op het eerste gezicht

Als ze erover praat, vergelijkt Myriam de eerste ontmoeting met Louise met "liefde op het eerste gezicht" (blz. 28). Louise blijkt al snel onmisbaar: ze past op de kinderen, ruimt het huis op, bereidt de maaltijd en gaat pas weg als al deze taken zijn volbracht. Als een antwoord op het bevel van Paulus: "Doe alsof je thuis bent" (blz. 33), is zij alomtegenwoordig. Ze wordt snel "onzichtbaar en onmisbaar" (p. 59) en wordt een volwaardig gezinslid, dat soms zelfs nachten op de bank doorbrengt. Zonder overleg met Paul en Myriam transformeert ze de woonkamer door de inrichting ervan te veranderen. Bovendien geeft de verteller aan dat Louise "geduldig haar nest bouwt in het midden van de flat" en vergelijkt haar met Vishnu, "een verzorgende, jaloerse en beschermende godheid" (p. 59). Myriam, van haar kant, accepteert dat ze bemoederd wordt door deze vrouw die ze zo weinig kent.

Verontrustende tekenen

Maar haar hulp wordt geleidelijk aan opdringerig. In de overtuiging dat zij een belangrijke missie te vervullen heeft, zet Louise Paul en Myriam aan om zo vaak mogelijk uit te gaan. Ze ruimt hun persoonlijke spullen op, doorzoekt hun privacy. Ze stormt letterlijk hun leven binnen. Het verhaal laat zien hoe ze uiteindelijk wegzakt in identiteitsverwarring, tot het punt dat ze droomt van een derde kind waarvoor ze zou kunnen zorgen, nu Mila en Adam opgroeien, een kind dat haar nauwer zou verbinden met Myriam en Paul. Ze verlangt fanatiek naar hem, als een "bezeten vrouw" (p. 203). Bovendien geniet Louise tijdens een familiereis naar een Grieks eiland van de lichte dronkenschap van Paul en Myriam op een avond, in de hoop dat er een vruchtbare omhelzing volgt. Voyeurisme is niet ver weg, vooral wanneer ze in Parijs naar Myriam's menstruatie komt kijken. Nu ze totaal vervreemd is, wil Louise "een wereld met hen maken", een "hol" voor zichzelf maken (p. 190).

Geleidelijk aan zaait de verteller de eerste tekenen van verontrustend gedrag door middel van verschillende details: Louise vertelt Mila en Adam wrede verhalen "waarin de goeden uiteindelijk sterven" (blz. 39), een eerste spelletje verstoppertje neemt een angstaanjagende wending wanneer Louise oneindig veel tijd laat verstrijken voordat ze uit haar schuilplaats komt, waardoor de kinderen in paniek raken. Als reactie op Mila's verzet of ongehoorzaamheid is het kindermeisje tweemaal brutaal: soms houdt ze haar te stevig vast om haar uit te schelden voor het weggaan zonder toestemming, en soms duwt ze haar te krachtig weg als het kleine meisje haar wil dwingen in bad te gaan, ook al kan ze niet zwemmen. Het karkas van de kip dat ze op een avond schijnbaar op de keukentafel achterlaat, in een zodanige staat dat "het lijkt alsof een gier het heeft opgegeten" (p. 163), is ten slotte een macaber schouwspel dat met terugwerkende kracht vooruitblikt.

Een leeg bestaan

Een van de sterke punten van de roman is dat de verteller in een parallelle en verweven vertelling inzicht geeft in het leven en de persoonlijke geschiedenis van Louise. Haar vertrek na het werk is inderdaad mysterieus voor de familie, evenals haar zeldzame afwezigheden. Ze lijkt te vervagen, alsof ze geen ander bestaan heeft dan dat met Paul en

Myriam. Via deze parallelle vertelling komen we te weten dat ze ellendig leeft in een atelier in Créteil: haar man is overleden en heeft haar veel schulden nagelaten als erfenis; haar dochter, Stéphanie, heeft haar zonder omkijken verlaten. Ze heeft deze vrouw, die ze te onderdanig vond en die haar leed niet begreep, nooit gemogen: dat van een kind dat zich niet thuis voelde in de huizen waar haar moeder werkte. Geconfronteerd met dit trieste en ellendige bestaan, geconfronteerd met deze eenzaamheid, is het begrijpelijk dat de familie Massé een vervangend gezin werd voor Louise.

Louises 'delirieuze melancholie'...

Omdat sommige van haar fouten worden opgemerkt en ze wordt berispt door Myriam en Paul, verzinkt Louise uiteindelijk in een "delirante melancholie" (p. 158), die ze al tijdens een eerdere ziekenhuisopname had vastgesteld. Ze voelt zich "als een gewonde minnaar" (p. 177). Haar melancholie en neurose groeien zodanig dat ze niet meer voor de familie Massé kan gaan werken. Later voelt Louise zich als een opgejaagd dier wanneer ze haar schulden ontdekken, waarover ze hen nooit heeft verteld. Ze wordt in het nauw gedreven en raakt in een staat van lijden, en de dreiging die ze vormt wordt steeds duidelijker.

Naarmate de bladzijden verstrijken, krijgt de lezer, die vanaf het eerste hoofdstuk gewaarschuwd is, steeds meer koude rillingen over de ontwikkeling van Louises karakter. De afdaling naar de hel van deze vrouw is begonnen. Ze zit nu in een impasse, een onontwarbare situatie, dat wil zeggen een tragische. Noch volledig goed, noch volledig slecht, kiest ze voor horror. Myriam en Paul kunnen zich niet van haar losmaken: het kindermeisje is zo diep in hun leven geworteld dat ze onmogelijk te verjagen is. De verteller hint naar Myriam's gedachten: als ze haar wegduwen, komt Louise "toch wel thuis" (p. 177). Thuis lacht ze steeds minder, ze gaat niet meer naar het plein, de kinderen irriteren haar. Ze laat de televisie aan, en dwingt hen angstige beelden op. Ze voelt de drang om zichzelf te wurgen als ze in de buurt van Adam is. Dus, overtuigd tot het einde dat ze handelt voor het welzijn van allen, zoals in die wrede verhalen die ze vroeger aan kinderen vertelde, zinkt Louise in het meest gruwelijke deel van de menselijke ziel en geeft ze haar leven.

EEN BLIK OP DE HEDENDAAGSE WERELD

Het lijkt erop dat Leïla Slimani met dit verhaal met de vinger wijst naar de tekortkomingen van onze maatschappij, onze relatie met de tijd en het belang dat wordt gehecht aan persoonlijke ambities. Het verhaal gaat over de relatie tussen kinderen en volwassenen, over de plaats van elk van hen. De personages van Myriam en Paul belichamen deze kwesties.

Professionele ambitie

Geërgerd door haar kinderen en de verplichtingen van het huisvrouw zijn, en jaloers op het professionele succes van haar man, raakt Myriam verbitterd en besluit ze haar professionele carrière te hervatten. Heel snel werkt ze veel, te veel volgens Paul. Ze komt om acht uur 's ochtends op kantoor aan, vóór iedereen, maakt haar werk laat af en wordt zelfs 's nachts opgeroepen om te assisteren bij de politiebewaking. Paul is blij dat zijn carrière verloopt zoals hij had gehoopt. Volgens Sylvie, de moeder van Paul, zijn de herhaalde ziektes van de kinderen te wijten aan de afwezigheid van Myriam. Bovendien denken ze volgens haar dat ze de baas zijn bij hun werknemer. Mila's leraar veroordeelt ook het gebrek aan beschikbaarheid van Myriam. Hoe kunnen we de kritiek op onze maatschappij niet horen in de woorden van de leraar: "Het is het kwaad van de eeuw. Al deze arme kinderen worden aan zichzelf overgelaten, terwijl beide ouders worden verteerd door dezelfde ambitie. Het is simpel, ze lopen altijd rond. (p. 42)? Inderdaad, Miriam en Paul zijn overdonderd. Er is geen ruimte om te slapen of voor de kinderen. Het enige wat ze doen is rennen, ze "worden de bazen van een lopend bedrijf" (blz. 118).

De illusie van het ideale gezin

Emma, de vriendin van Myriam, is de belichaming van de enscenering van zichzelf en het eigene die onze maatschappij kenmerkt. Haar kinderen zijn blond, perfect, hebben "onuitspreekbare namen uit de Noorse mythologie" (p. 45). Ze worden ingeschreven op een school die hen in staat stelt hun ontluikende gaven te ontwikkelen. Emma post "sepia-getinte portretten" van haar kinderen op sociale netwerken. Ze is mooi, ook al verbergt ze haar anorexia door te doen alsof ze vegetariër is. Haar man verschijnt niet op de foto's, "druk bezig met het fotograferen van dit ideale gezin waartoe hij slechts als toeschouwer behoort" (p. 45).

Zelfontplooiing en zijn tegenstrijdigheden

Myriam schaamt zich voor de gedachte, zonder haar vriendin Emma natuurlijk te vertellen, dat het geluk komt als je anderen niet meer nodig hebt en je eigen leven kunt leiden.

Zelfontplooiing betekent volgens haar volledige vrijheid, zonder de beperkingen van anderen. Is dit egoïsme? De vertelstem geeft geen commentaar, geeft geen antwoord, maar laat de lezer aan het denken. Bovendien maakt het verjaardagsfeestje van Mila, dat Louise met zoveel energie en inzet organiseert, Myriam ongerust. Ze is niet geïnteresseerd in spelen met de kinderen en zondert zich liever af in haar kamer. Myriam is echter paradoxaal, want ze klaagt tegelijkertijd bij haar schoonmoeder dat ze haar kinderen niet ziet, dat ze lijdt onder dit "hectische bestaan" (p. 131). Deze laatste windt er geen doekjes om en beschuldigt haar schoondochter van egoïsme en onverantwoordelijkheid en beweert dat zij "schuld" heeft aan de negatieve ontwikkeling van haar kinderen, die grillig en tiranniek zijn geworden (p. 131). De tegenstrijdigheden van Myriam worden versterkt: ondanks haar beweerde verlangen naar vrijheid voelt zij zich slachtoffer van deze beschuldigingen, zoals volgens haar veel andere vrouwen. Daarom vindt ze het haar plicht als moeder om foto's van haar kinderen te maken om "het bewijs van voorbij geluk vast te houden" (p. 215) en later herinneringen te kunnen koesteren. Een opmerking van de verteller, als om Myriams vastberadenheid in twijfel te trekken, voegt eraan toe dat "het achter het scherm van haar iPhone is dat ze naar haar kinderen kijkt" (p. 215).

Een generatiekwestie

De overtuigingen van Sylvie worden in het verhaal gebruikt om de these van een generatie- en ideologische breuk te ontwikkelen. Ze begrijpt de aspiraties van haar zoon en schoondochter voor professioneel succes niet. Ze beroept zich op de waarden van een ander tijdperk, haar idealen, haar politieke verplichtingen, haar verlangen naar revolutie. Zij is de stem die de maatschappij van 'sell-outs' veroordeelt, die een wereld verdedigt waarin we tijd zouden hebben om te leven. Ze is ook niet immuun voor tegenstrijdigheden: ze heeft de hele jeugd van Paul gewerkt, zelfs met trots.

Een sociaal discours

Myriam en Paul wonen in een prachtig pand in de rue d'Hauteville, in het 10e arrondissement. Ze hebben een vrouw in dienst die in armoede leeft in een atelier in Créteil. Emma, de vriendin van Myriam, woont in een voormalig arbeiderswijk, nu bewoond door een nieuwe bourgeoisie. Haar opmerkingen aan Louise over openbare scholen onthullen haar minachting voor de arbeidersklasse. Zij wil haar kinderen inschrijven op scholen waar hun leeftijdsgenoten tot hetzelfde sociale milieu behoren als zij. In dit opzicht is het niet absurd om in *Chanson douce* sporen te zien van een vertoog over klassenvooroordelen, in de traditie van Jean Genet's *Les Bonnes*: in dit stuk proberen twee werknemers hun baas te vermoorden. Men kan ook denken aan de film *La Cérémonie* van Claude Chabrol, *die* vertelt over de moord op een heel burgerlijk gezin door hun huishoudelijke hulp met de hulp van de postbode van het dorp. In *Chanson douce* is de misdaad echter niet sociaal gemotiveerd. Louise heeft niet, zoals deze vrouwen, een verlangen naar wraak. Maar het is duidelijk dat haar financiële en emotionele ellende, haar levenservaring en haar status als permanent slachtoffer frustraties hebben opgewekt die wellicht een rol hebben gespeeld bij haar laatste daad. Het verhaal richt zich tenslotte op Wafa, een jonge moslimvrouw zonder papieren die onlangs in Frankrijk is aangekomen. Aanvankelijk werkte ze voor een prostitutiekring, maar ze stemde ermee in te trouwen om Franse papieren te krijgen. Ze werkt voor een zeer veeleisend Frans-Amerikaans echtpaar.

EEN KOUDE EN AFSTANDELIJKE SCHRIJFSTIJL

De stijl van Leïla Slimani is verrassend afstandelijk en niet-oordelend. Dit komt doordat de schrijver het verhaal van de gebeurtenissen zo objectief mogelijk wil vertellen, zonder een oordeel te vellen.

Een *non-fictie roman?*

Er zit bijna een journalistieke benadering in *Chanson douce*, het eerste beroep van Leïla Slimani. Deze benadering doet denken aan het Angelsaksische genre van de *non-fictie roman*, waarin het verhaal verslag doet van echte feiten, maar gebruik maakt van de technieken van fictie. Zo introduceert de schrijver, ondanks de eerste onthulling, een verrassende spanning. Het gebruik van de tegenwoordige tijd geeft het verhaal het gevoel van een klinisch verslag van de gebeurtenissen. De zinnen zijn kort, vanaf het begin van het verhaal. De eerste woorden zijn inderdaad kort: "De baby is dood". Dit scherpe schrijven is verrassend, vooral wanneer het het lot van de twee kinderen met een schijn van afstandelijkheid vermeldt: "Adam is dood. Mila gaat dood".

Schrijven op afstand

Het einde van de roman met directe spraak, namelijk Louise's bevel aan de kinderen: "Kinderen, kom. Je gaat in bad", geeft aan dat de auteur afstand wil houden van de feiten en niet wil stilstaan bij de gruwel van de dubbele misdaad. In dit verband is het interessant dat het laatste hoofdstuk gewijd is aan de politieagente Nina Dorval, die belast is met de reconstructie: zij is degene die in zekere zin het verhaal van de misdaad zal overnemen. De vertelstem verwijdert zich uit bescheidenheid. Deze afstand doet denken aan de kille vertelling van Emmanuel Carrère in zijn roman *L'Adversaire, die* ook over een misdaadverhaal gaat.

Begrijpen in plaats van oordelen

Het Chanson douce is nooit sensationeel. Leïla Slimani zakt nooit weg in een zielig register, ondanks de gruwel van de dubbele moord. Bovendien worden alleen de details gegeven die nuttig zijn voor de plot. De vertelstem is bescheiden en vooral niet moraliserend. De schrijver oordeelt niet over haar karakter. Het gebruik van interne focus maakt het dus mogelijk het verhaal te beperken tot Louises gedachten en gevoelens in plaats van ze vanuit een extern gezichtspunt weer te geven. Zoals Leïla Slimani zelf heeft gezegd: "Een schrijver probeert te begrijpen en niet te oordelen".

MOGELIJKHEDEN TOT BEZINNING

EEN PAAR VRAGEN OM OVER NA TE DENKEN...

- Zijn Myriam en Paul verantwoordelijk voor het drama?

- Kunnen we medelijden hebben met Louise?

- Waarom richt het verhaal zich niet meer op de kinderen?

- Hoe lijkt deze roman in sommige opzichten op een tragedie?

- Kunnen we op Louise de kwalificatie van de tragische held volgens Racine in het voorwoord van Andromache toepassen: "noch volledig goed, noch volledig slecht"?

- Is de roman *Chanson douce* een gefictionaliseerd misdaadverhaal?

- In welk opzicht lijkt de roman van Leïla Slimani op een film met gesloten deuren?

- Welke overeenkomsten zijn er tussen *Chanson douce* en *L'Adversaire* van Emmanuel Carrère?

- Vanuit welk oogpunt kunnen we *Chanson douce* en *Les Bonnes* van Jean Genet met elkaar vergelijken?

OM VERDER TE GAAN

REFERENTIE-UITGAVE

SLIMANI L., *Chanson douce*, Parijs, Éditions Gallimard, 2016.

*We horen graag van jou! Laat
een reactie achter op jouw online bibliotheek
en deel je favoriete boeken op social media!*

www.50minutes.com

Master ISBN: 9782808687379
Papier ISBN: 9782808698771
Wettelijk depot: D/2023/12603/1157

Omslag: © Primento

Digitaal ontwerp: Primento, de digitale partner van uitgevers.